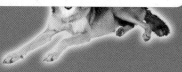

Tous mes
ANIMAUX
préférés

LE CHIEN

Le chien est le meilleur ami de l'homme et c'est un excellent compagnon de jeu. On peut également le dresser pour accomplir différentes tâches très utiles pour ses maîtres. Il peut par exemple devenir un très bon chien de garde pour protéger la maison ou aider les bergers à garder les troupeaux de moutons. D'autres chiens sont spécialisés pour servir de guides aux personnes aveugles, aux secouristes ou aux policiers.

LE CHAT

Ce n'est peut-être pas un dieu comme le croyaient les pharaons, mais c'est un animal élégant et d'une grande beauté. Si tu veux avoir un chat à la maison, tu devras attendre que le chaton que tu auras choisi ait fini d'être allaité par sa maman, la chatte. Lorsque tu le caresses, le chat ronronne de plaisir. Tu dois lui laisser des moments de liberté car, même s'il est ton ami, le chat aime son indépendance.

7

LE CANARI

Le canari est un agréable petit compagnon qui passe son temps à chanter de façon très mélodieuse. Ce sont les Espagnols qui ont rapporté le canari de son lieu d'origine : les îles Canaries. Dans ces îles, tu peux encore trouver ce petit oiseau en liberté dans les bois et les jardins. Partout ailleurs, on ne le trouve qu'en cage, où il chante et picore un os de seiche.

LA TORTUE

Il y avait des tortues sur la Terre avant même l'époque des dinosaures ! La tortue terrestre a une carapace bombée dans laquelle elle peut se recroqueviller en cas de danger. Cette carapace est lourde et empêche la tortue de se déplacer rapidement. La femelle pond des œufs qu'elle enfouit dans le sol. Après quelque temps, les bébés tortues cassent la coquille de leur œuf et gagnent la surface pour commencer leur vie au grand air.

LE HAMSTER

Le hamster est l'un des animaux les plus familiers : il est très facile de le garder en cage. N'oublie pas de lui donner une roue pour qu'il puisse jouer : le hamster est très actif, surtout la nuit. Dans la nature, il vit dans un terrier comportant de longues galeries qui mènent à un grenier où il entasse ses provisions, à une toilette et à son nid. C'est dans ce nid qu'il donne naissance à ses petits en été et qu'il passe l'hiver à dormir bien au chaud.

LE COBAYE

Le cobaye est un petit rongeur qui ressemble à une grosse boule de poils. Il n'est pas très actif et tu peux le garder en cage en lui donnant simplement un biberon d'eau, une petite mangeoire et ton affection. Pour le nourrir, c'est assez simple : il mange de l'herbe et des feuilles. Si tu as un couple de cobayes, fais attention : la femelle peut donner naissance à 5 petits 5 fois par an ; ce qui veut dire que la petite famille deviendra vite très nombreuse !

LE LAPIN

Le lapin renifle sans arrêt ; c'est pour cela que son petit nez bouge tout le temps. Le lapin creuse un terrier où il se cache en cas de danger et dans lequel la femelle, la lapine, met au monde ses lapereaux qui naissent sans poils. Lorsqu'ils sont grands, les lapins sortent du terrier au lever et au coucher du soleil. Tous les lapins d'un même lieu se rassemblent pour manger les herbes des prairies et boire la rosée.

LE CHEVAL

Le cheval doit être ferré pour éviter que ses sabots ne s'usent trop vite. Chaque sabot est en fait un ongle. Ce superbe animal est un compagnon idéal pour le sport, l'agriculture ou les loisirs. La femelle, la jument, donne naissance à un poulain (si c'est un bébé mâle) ou à une pouliche (si c'est un bébé femelle). On peut habituer un cheval à être monté par l'homme vers l'âge de 3 ans. Dans la nature, les chevaux sauvages vivent en groupe.

13

L' ÂNE

L'âne est un animal très sociable ; il n'aime pas être seul et préfère partager sa prairie avec des chevaux. Il existe encore des ânes sauvages en Afrique. On distingue facilement l'âne du cheval par ses longues oreilles et son fameux cri " hi-han ". Il n'aime pas l'eau et lorsqu'il doit traverser un cours d'eau, il lui arrive souvent de faire sa " tête de mule " ! Une mule est le petit qui naît du croisement d'un âne et d'une jument.

LE PONEY

Le poney est un cheval de petite taille. Il a souvent une queue plus touffue et des pattes plus courtes que le cheval. Il fait le bonheur des enfants qui le montent ou qui le caressent. Parfois sa taille est vraiment très petite : le poney Shetland, par exemple, ne mesure pas plus de 1 m au garrot ! Mais il a malgré tout une sacrée force et peut transporter des charges impressionnantes.

LA POULE

Ce gros oiseau ne vole pas bien du tout et préfère marcher. La poule pond des œufs qui sont très appréciés en cuisine ; on les utilise notamment pour faire les pâtes et les glaces. Mais si on laisse la poule couver un œuf fécondé, il en sortira un tout petit poussin jaune et doux qu'elle appelle en gloussant. Dans le poulailler, le chef, c'est le coq. Il mène ses poules à la baguette ; c'est également lui qui les défend en cas de danger.

LA VACHE

La vache passe le plus clair de son temps à brouter l'herbe de sa prairie. C'est comme cela qu'elle obtient l'énergie nécessaire pour fabriquer son lait. Ce lait sert évidemment à nourrir le petit veau. Lorsque la vache n'a pas de veau, le fermier la trait pour récupérer son lait qui sera mis après en cartons. C'est ce lait que tu bois au petit déjeuner, mais c'est également avec lui qu'on fait du yaourt, du beurre et du fromage.

LE CANARD

Le canard a les pieds palmés et aime beaucoup se dandiner au bord des étangs. Il trouve sa nourriture dans l'eau ; c'est pour cela que tu le vois parfois la tête dans l'eau et la queue en l'air. Au printemps, la cane couve ses œufs. De chaque œuf sort un petit caneton tout mignon couvert de duvet jaune ou brun. Si, lors de l'éclosion, c'est toi qu'il voit en premier, il te suivra comme si tu étais sa maman !

LE MOUTON

Au printemps, tu peux apercevoir les moutons brouter et bêler dans les prairies, mais en hiver, ils restent bien au chaud dans la bergerie. La maman, la brebis, donne un lait très doux que l'on peut boire et avec lequel on fait aussi du fromage. Mais il sert avant tout à nourrir son petit, l'agneau. Le mâle s'appelle le bélier ; il est facile à reconnaître car il porte de longues cornes enroulées.

LE COCHON

Avec son nez plat appelé groin et sa queue en forme de tire-bouchon, le cochon a vraiment l'air sympa. Il mange tout et n'importe quoi et adore se rouler dans la boue pour protéger sa peau. Il a un odorat très impressionnant qui lui permet de dénicher de succulents champignons très rares dont il raffole : les célèbres truffes. La femelle, la truie, peut avoir jusqu'à 10 bébés en même temps et elle les allaite tous !

LA BICHE

La biche ne sort de sa forêt qu'au lever et à la tombée du jour pour aller brouter l'herbe à la lisière des bois. Pour gagner le cœur des biches, les cerfs s'affrontent en poussant leur cri (c'est le fameux brame du cerf) et en se donnant de grands coups de tête au cours desquels ils entrecroisent leurs bois. Après la période des amours, la biche met au monde 1 ou 2 faons tout tachetés de blanc qui resteront près d'elle pendant au moins 2 ans.

LE HÉRISSON

Le hérisson a des poils de la même matière que tes cheveux mais qui chez lui, se sont transformés en piquants ! Malgré cette protection, le hérisson est un animal plutôt doux et peureux ; il se roule en boule à la moindre alerte. Il se nourrit d'insectes, de vers de terre, d'escargots et de limaces. Comme l'ours, le hérisson hiberne. Il s'installe alors dans un trou tapissé de feuilles mortes. C'est en été que les bébés naissent ; à leur naissance, ils n'ont pas de piquants.

LE RENARD

Le renard est un animal sauvage qui vit dans les prairies et à la lisière des forêts où il chasse les écureuils et les souris. Cependant, à la nuit tombée, tu peux même parfois le rencontrer en pleine ville. Il a un peu l'allure d'un chien, mais s'en distingue par son long museau, sa queue touffue et son pelage généralement roux. La renarde donne naissance à ses renardeaux dans un terrier et les allaite jusqu'à ce qu'ils mangent seuls.

23

LE LOUP

Le loup fait souvent peur. Cependant, cette peur vient surtout des histoires que l'on raconte, comme celle du Petit Chaperon rouge. En effet, le loup est un animal craintif et qui évite plutôt le voisinage de l'homme. Il pousse des hurlements qui s'entendent très loin. Il vit et chasse en meute. L'expression " marcher à pas de loup " vient du fait que le loup marche sans faire de bruit.

L'OURS BRUN

Lorsque l'hiver approche, l'ours brun se prépare à hiberner. Il organise alors une tanière où il pourra dormir confortablement pendant au moins 3 mois. Malgré cela, l'ours reste attentif et peut être réveillé par l'arrivée d'un intrus. C'est aussi pendant l'hiver que la femelle, l'ourse, donne naissance à ses oursons dans sa tanière. Adulte, l'ours mange des insectes, des champignons, ou encore des poissons.

L' ÉCUREUIL

L'écureuil est un animal tout mignon avec une grosse queue en panache. Pendant la belle saison, il fait des réserves de nourriture. C'est une attitude prudente : il est en effet difficile de trouver de quoi manger lorsque vient l'hiver. L'écureuil vit la journée ; il est donc facile de l'apercevoir qui grimpe dans les arbres lors d'une promenade en forêt. Il fabrique son nid dans les arbres avec des brindilles et des feuilles.

LE PAPILLON

Le papillon est un insecte dont les ailes sont souvent très colorées. Il se nourrit du nectar des fleurs. La femelle pond des œufs minuscules sur une feuille. De chaque œuf sort une chenille qui se déplace lentement en dévorant de grandes quantités de feuilles. La chenille se transforme ensuite en une chrysalide qui ressemble à un petit morceau de bois suspendu à un fil de soie. C'est à ce moment que la chenille va se métamorphoser en papillon.

LA COCCINELLE

La coccinelle est un insecte souvent coloré de rouge, de jaune ou d'orange et tacheté de points. Lorsque l'été est là, on aime la prendre dans la main et la faire passer d'un doigt à l'autre jusqu'à ce qu'elle s'envole. La coccinelle est un animal très utile car elle se nourrit de pucerons. Elle aide donc les hommes à se débarrasser d'insectes nuisibles.

LA GRENOUILLE

La grenouille se nourrit d'insectes qu'elle attrape avec sa longue langue gluante. Lorsqu'elle coasse, c'est le temps des amours. Le mâle enlace alors sa douce et le couple se déplace en tandem jusqu'à ce que la femelle ponde ses œufs enrobés de gélatine dans l'eau. Quelques jours plus tard, un têtard sort de l'œuf. Il ressemble alors à un petit poisson qui, en 3 mois, se transformera petit à petit pour devenir une belle grenouille.

LE PANDA

Ce grand panda vit dans les forêts de bambous de Chine. Mais il est rare d'en apercevoir car il en reste très peu en liberté. Il y en a tellement peu qu'ils risquent même de disparaître de la planète. Le panda vit généralement seul. La maman panda met au monde un bébé panda dans un nid qu'elle a fabriqué avec des feuillages de bambou ; elle l'allaite pendant plusieurs mois.

LE PARESSEUX

Le paresseux vit sa vie au ralenti et passe la plus grande partie de son temps à dormir. Il vit la tête en bas, suspendu dans les arbres par ses longs bras terminés par de puissantes griffes. Ses oreilles sont toutes petites et cachées par ses poils. Il descend rarement au sol ; il n'est pas très habile pour la marche, mais c'est un bon nageur ! La femelle met au monde un petit qui reste accroché à ses poils jusqu'à l'âge de 2 ans.

LA BALEINE

Comme le dauphin, la baleine est un mammifère et non un poisson. La baleine bleue est le plus grand et le plus lourd animal de la planète (chacun de ses yeux a la taille d'un ananas) ! La baleine a un langage particulier : elle émet des sons qui ressemblent à un véritable chant et qui peuvent s'entendre de très loin. Malgré son énorme taille, elle se nourrit de toutes petites crevettes qu'elle filtre au travers de ses dents spéciales : les fanons.

LE MANCHOT

Le manchot est un oiseau qui ne vole pas, mais qui nage très bien. Il utilise ses ailes comme nageoires et sa queue comme gouvernail. Son bec est très coupant et lui permet de saisir les poissons sous l'eau. Il vit au pôle Sud, sur le continent qui s'appelle l'Antarctique. Son allure est rigolote : on dirait qu'il est habillé dans un smoking noir trop serré qui le fait marcher maladroitement.

33

L'OTARIE

Contrairement au phoque, l'otarie a des oreilles qui se voient facilement. On la retrouve souvent dans les parcs d'attraction où on l'utilise pour faire le pitre. Dans la nature, on la trouve plutôt affalée au soleil sur les plages de l'Ouest américain. L'otarie allaite son petit ; elle vit en groupe comptant parfois de nombreux individus. Lorsqu'elle a faim, elle va faire sa balade en mer pour chasser des poissons.

L'OURS BLANC

Cet ours est énorme et vit dans l'Arctique, près du pôle Nord. La couleur de sa fourrure ressemble à celle de la neige et lui permet de passer inaperçu lorsqu'il chasse ses proies. L'ours blanc apprécie particulièrement les repas à base de phoque ! Il nage très bien et est capable de parcourir de grandes distances dans l'eau glacée, par exemple pour aller s'installer sur un iceberg qui abrite une colonie de phoques !

35

LE DAUPHIN

Le dauphin n'est pas un poisson. Comme le chien ou le chat, c'est un mammifère qui allaite ses bébés. La différence, c'est qu'il vit dans l'eau et que son corps n'est pas couvert de poils. Le petit trou qui se trouve au-dessus de sa tête est sa narine : c'est par là qu'il respire. C'est un animal très intelligent et sociable. Si l'un des membres de son groupe a un problème, il l'aide. Il est même déjà arrivé qu'un dauphin sauve des hommes en mer !

LE ROUGE-GORGE

Ce petit oiseau tout rond doit son nom à la couleur rouge de sa gorge. Il habite aussi bien dans une forêt que dans un jardin où il se plaît à chanter de jolies mélodies. Il construit son nid à l'aide de mousses et de feuilles et l'installe dans un trou de mur ou dans un arbre. La femelle y pond ses petits œufs tachetés de rouge qui écloront 14 jours plus tard. Les oisillons qui en sortent sont tachetés de jaune.

LA CIGOGNE

L'élégante cigogne blanche est un échassier ; c'est le nom qu'on donne aux oiseaux qui ont de très longues pattes. Elle a un long bec rouge et de grandes ailes blanches à bord noir. Elle fabrique un énorme nid perché dans un arbre ou au sommet d'une maison. Elle y pond plusieurs œufs blancs qui sont couvés par les deux parents. Lorsque l'hiver arrive, les cigognes s'en vont vers des régions plus chaudes : ce sont des oiseaux migrateurs.

LE PERROQUET

L'ara que tu vois sur la photo est le plus grand des perroquets. Il est toutefois assez rare et on ne le trouve qu'en Amérique du Sud. Il vit en couple ou en famille dans les arbres de la jungle. Il ne fait pas de bruit pendant qu'il mange, mais à la moindre alerte, ses cris emplissent la forêt d'un véritable vacarme. Il se nourrit surtout de graines, mais aussi d'insectes et de fruits. Son bec est très costaud et lui permet de casser des noix sans aucune difficulté.

L'AUTRUCHE

L'autruche est le plus gros oiseau du monde. Elle est incapable de voler, mais elle court très vite et peut faire des sauts impressionnants (elle passe sans problème un grillage de 1,5 m). La femelle pond des œufs énormes : 1 œuf d'autruche prend la même place que 25 œufs de poule ! Lorsqu'elle met sa tête près du sol, ce n'est évidemment pas, comme on le dit parfois, pour se cacher, mais pour vérifier si ses œufs vont bien.

LA GAZELLE

La gazelle est un animal à cornes très gracieux. Elle vit en troupeaux dans les plaines d'Afrique. Elle y broute les herbes et, parfois, le feuillage des arbustes. Elle est capable de rester longtemps sans boire. Elle a beaucoup de prédateurs redoutables, comme les lions et les léopards. Heureusement, elle court très vite en faisant de grands bonds, ce qui lui permet souvent d'échapper à ses poursuivants.

LA GIRAFE

La girafe est le plus grand de tous les animaux. Lorsqu'elle se promène dans la savane, elle dépasse tout le monde et peut voir venir les dangers de très loin. Son long cou lui permet d'aller chercher très haut les feuilles épineuses d'acacia dont elle raffole. Elle dort debout, mais très peu (seulement 20 minutes par jour) ! Le bébé de la girafe s'appelle le girafon. À sa naissance, sa taille dépasse déjà celle de ton papa !

LE ZEBRE

Le zèbre est un petit cheval sauvage tout rayé. Il vit en famille dans la savane africaine. L'organisation des rayures est différente pour chaque zèbre, ce qui permet de les différencier facilement ; c'est un peu comme si ces rayures étaient leur carte d'identité ! Mais elles servent également de camouflage. S'il est menacé, le zèbre se défend à grands coups de sabots ; il peut être violent, surtout si son poulain est en danger.

LE LION

Le lion est le roi des animaux. Il se repose presque toute la journée dans la savane, entouré de ses lionnes et de ses lionceaux. Pour défendre son grand territoire, il pousse de terribles rugissements. Malgré son air impressionnant, ce n'est pas lui le plus courageux. En effet, ce sont les lionnes qui vont chasser les antilopes et les zèbres pour la tribu. Ce sont également elles qui s'occupent des lionceaux qu'elles ont mis au monde.

LE TIGRE

Le tigre est le plus grand et le plus fort des félins. Il peut tuer un cerf d'un coup de dents ! Dans la jungle, tout le monde le redoute. La tigresse met au monde de 2 à 4 tigreaux qu'elle défend avec courage ; elle n'hésite pas à tuer quiconque essaye de s'en approcher. Savais-tu que tous les tigres n'ont pas ce superbe pelage tigré de roux et de noir ? En effet, il existe aussi des tigres blancs, mais ils sont très rares.

LE LÉOPARD

Le léopard et la panthère ne sont qu'un seul et même félin. Certains ont le pelage clair, d'autres ont le pelage sombre (comme la panthère noire). Le léopard vit dans les déserts et les forêts, en plaine ou en montagne. Il passe sa journée perché dans les arbres à surveiller son territoire. La nuit tombée, il part chasser des antilopes ou des oiseaux. La femelle met au monde entre 1 et 6 bébés et les allaite pendant 3 mois.

LE RHINOCÉROS

C'est l'animal le plus lourd après l'éléphant !
Certains portent 1 corne sur le nez et d'autres 2. Ces
cornes sont faites de la même matière que tes
ongles, mais elles poussent beaucoup plus
lentement. La peau du rhinocéros est très épaisse ;
c'est comme s'il avait un bouclier tout autour de lui.
Il se nourrit surtout la nuit et généralement en
groupe, en broutant les herbes des prairies d'Asie et
d'Afrique.

L' HIPPOPOTAME

L'hippopotame passe son temps à se prélasser dans l'eau des rivières d'Afrique. Parfois, on ne voit que ses narines, ses yeux et ses oreilles qui dépassent de la surface de l'eau. Lorsqu'il bâille, ses 2 énormes dents en ivoire sont bien visibles ; ce sont des armes redoutables dont il se sert pour se défendre ou lors des combats entre mâles. Lorsque la nuit vient, il sort de l'eau et va brouter l'herbe dans les prairies voisines de sa rivière.

L'ÉLÉPHANT

L'éléphant d'Afrique est le plus gros des animaux terrestres. Il est tellement lourd qu'il reste debout pour dormir et qu'il lui est impossible de sauter. À sa naissance, l'éléphanteau pèse déjà plus lourd qu'un homme adulte. Il se sert de sa trompe pour boire et pour attraper les feuilles d'arbres dont il se nourrit. Ses défenses en ivoire sont 2 énormes dents et il se sert de ses grandes oreilles comme d'un éventail.

LE KANGOUROU

Le kangourou vit en Australie. Comme le koala, c'est un marsupial. Cela veut dire qu'à la naissance, le bébé kangourou, qui est grand comme un haricot, grimpe dans la poche ventrale de sa maman et y reste jusqu'à ce qu'il soit complètement formé. Pendant tout ce temps, il est accroché à un mamelon de sa maman. La longue queue du kangourou lui permet de garder l'équilibre lorsqu'il fait ses célèbres bonds.

LE CAMÉLÉON

Le caméléon est une sorte de lézard très particulier. Ses gros yeux peuvent tourner dans tous les sens de façon indépendante et lui permettent de voir partout à la fois. Lorsqu'il repère un insecte, il l'attrape avec sa longue langue collante qu'il projette comme une catapulte. Il a également la particularité de pouvoir changer de couleur en fonction de l'endroit où il se trouve ou de son humeur. C'est évidemment très intéressant pour se camoufler.

L'ORANG-OUTAN

Le nom de l'orang-outan veut dire " l'homme des bois " ! Mais il ne marche pas aussi bien qu'un homme : ses jambes sont courtes et arquées, ce qui ne rend pas sa démarche très gracieuse. Par contre, il est très agile lorsqu'il se déplace de branche en branche dans les arbres. Les vieux mâles se reconnaissent facilement parce qu'ils ont de grosses joues qui pendent et une grande poche de peau sous le cou.

LE CHIMPANZÉ

Le chimpanzé est probablement le plus intelligent des singes. Il est d'ailleurs capable de se servir d'outils : il attrape des insectes avec un bout de bois, ouvre des fruits en les cassant avec des pierres ou boit même de l'eau en fabriquant une tasse avec une feuille ! Quand il est bébé, le chimpanzé est tellement mignon et rigolo qu'on le considère parfois comme une poupée, mais une fois qu'il est adulte, il a la force de 3 hommes réunis !

LE GORILLE

Le gorille est un grand singe qui vit dans les forêts d'Afrique. Malgré son allure terrifiante, il est plutôt paisible et, comme la plupart des animaux, il n'est véritablement dangereux que lorsqu'il a peur. Le jour, il mange des feuilles et des écorces et se prélasse au soleil avec les autres membres de son groupe ; la nuit, comme toi, il dort ! Mais lui, il dort dans un lit de branches qu'il construit tantôt dans un arbre, tantôt à même le sol.

LE KOALA

Le koala est un mignon petit marsupial gris qui vit dans les forêts d'eucalyptus. Comme la grande majorité des marsupiaux, il vit en Australie. Il se nourrit des jeunes feuilles d'eucalyptus. C'est pour cela que son odeur fait penser à celle d'une pastille pour la gorge. Il passe la plus grande partie de son temps à dormir. Si bien qu'il faut beaucoup de patience pour le voir bouger. Et quand il bouge, il le fait très lentement, un peu comme dans un film au ralenti.

55

LE PUMA

Le puma est un magnifique félin. Il est gracieux, agile, rapide et très fort. C'est peut-être pour cela qu'on l'appelle aussi le " lion des montagnes ". Il est d'ailleurs tellement fort qu'il est capable de soulever un cerf et de le transporter jusque dans un endroit où il pourra manger son dîner en toute tranquillité. Il a le record du saut le plus haut sans prendre d'élan : il peut sauter aussi haut qu'une maison de 3 étages !

LE LYNX

Le lynx ressemble à un énorme chat sauvage qui porte un petit pinceau de poils noirs sur chaque oreille. Il est très prudent ; il passe la journée à se reposer dans un arbre ou sur un rocher et attend la nuit pour aller chasser. Sa vue et son odorat sont très développés : il peut sentir l'odeur d'un lapin à plus de 300 mètres de distance. Il grimpe très bien dans les arbres et il est capable d'attraper un oiseau qui s'envole.

LE RENNE

Le renne vit dans le nord de l'Amérique (où on l'appelle caribou) et de l'Europe. C'est un animal célèbre : c'est lui qui tire le traîneau du Père Noël dans la neige ! Grâce à ses larges sabots, il peut marcher facilement dans la neige sans s'enfoncer trop profondément. C'est le cousin du cerf, mais il est le seul cervidé chez qui le mâle et la femelle portent des bois.

LE RATON LAVEUR

Le raton laveur est un animal doux et intelligent qui s'apprivoise facilement lorsqu'il est petit. Il est très reconnaissable grâce au " masque de Zorro " qui entoure ses yeux ! Sais-tu pourquoi il porte le nom de raton " laveur " ? C'est parce que, avant de manger, il lave toujours ses aliments en les trempant dans l'eau à l'aide de ses petites pattes avant qui ressemblent à de minuscules mains très agiles.

INDEX